Tom Thaler

Die Themenfacette des Social BPM

Geschäftsprozessmanagement

Tom Thaler

Die Themenfacette des Social BPM

Geschäftsprozessmanagement

GRIN Verlag

Bibliografische Information der Deutschen Nationalbibliothek: Die Deutsche Bibliothek verzeichnet diese Publikation in der Deutschen Nationalbibliografie; detaillierte bibliografische Daten sind im Internet über http://dnb.d-nb.de/ abrufbar.

1. Auflage 2010
Copyright © 2010 GRIN Verlag
http://www.grin.com/
Druck und Bindung: Books on Demand GmbH, Norderstedt Germany
ISBN 978-3-640-84925-3

IWI – Institut für Wirtschaftsinformatik

Social BPM

Business Engineering Labor

Tom Thaler
05.09.2010

Inhaltsverzeichnis

Abbildungsverzeichnis

Tabellenverzeichnis

Abkürzungsverzeichnis

ARIS	Architektur integrierte Informationssysteme
Blog	Weblog
BPM	Business Process Management
EPK	Ereignisgesteuerte Prozesskette
ERM	Entity Relationship Model
IP	Internet Protocol
SaaS	Software as a Service
VoIP	Voice over IP
WWW	World Wide Web

1. Einleitung & Motivation

Nachdem der Begriff Web 2.0 Anfang des 21. Jahrhunderts erstmalig der breiten Öffentlichkeit präsentiert wurde, sind entsprechende Anwendungen heute ein fester Bestandteil des täglichen Lebens. Sowohl im privaten als auch im kommerziellen Bereich profitieren Web 2.0-Anwendungen, auch Social Software genannt, von einem stetigen unverminderten Wachstum, was durch einige Beispiel belegt werden soll:

- Während Ende des Jahres 2003 ca. 1 Mio. Blogs (Weblogs) im Internet existierten, waren im Jahr 2007 bereits über 70 Mio. Blogger mit ihren Publikationen vertreten. Die heutige Anzahl beläuft sich auf ca. 184 Mio.

- Die Video-Plattform YouTube verursacht heute über 10% des gesamten Datenverkehrs im Internet.

- Die Online-Enzyklopädie Wikipedia verfügt heute über weit mehr als 10 Mio. Artikel und konnte damit innerhalb von 2 Jahren die Anzahl der Veröffentlichungen verdoppeln.

In den letzten Jahren haben sich betriebliche Konzepte entwickelt, welche auf der Akzeptanz und dem Erfolg von Social aufbauen sollten. Eines des bedeutendsten Begrifflichkeiten in diesem Zusammenhang ist Enterprise 2.0, welches sich einer Reihe von Web 2.0-Technologien bedient, um die Arbeitseffektivität im Unternehmen zu steigern. Das Resultat ist in der Praxis eine Glättung der Unternehmensstrukturen durch notwendig werdende Verschiebungen von Kompetenzen und ein steigender Grad an Sozialisierung in der Mitarbeiterschaft.

Die klassischen Organisationstheorien, welche nach wie vor von der Mehrzahl der Unternehmen umgesetzt wird, setzen den Fokus auf eine personelle Trennung von Planung und Ausführung der Arbeitsabläufe. Daraus resultiert für das Geschäftsprozessmanagement, die heute etablierte Methode der Experteninterviews im Rahmen des Process-Discovery. Als Experten werden dabei Führungskräfte, also die für die Planung verantwortlichen Mitarbeiter des Unternehmens gesehen, wobei die ausführenden Mitarbeiter meist unberücksichtigt bleiben. Diese Methode hat sich im Laufe der Jahre als überaus geeignet für standardisierte Prozesse erwiesen, jedoch stößt sie bei flexiblen Arbeitsabläufen, wie sie immer häufiger vom Markt gefordert werden, an ihre Grenzen. Neben dem Flexibilitätsaspekt zeichnet sich eine Ineffizienz dieser Methode

ab, da in der Praxis ca. 41% der Projektressourcen (Zeit und Kapital) für diese Phase der Analyse und Dokumentation in Anspruch genommen wird.

Ein Kernprinzip des Geschäftsprozessmanagements besteht in der kontinuierlichen Anpassung des Unternehmens und der betrieblichen Abläufe an seine Umgebung. Im klassischen Geschäftsprozessmanagement wird diese Umgebung stark auf den Markt fokussiert, in welchem das Unternehmen agiert, da dieser als Hauptträger wachsender Anforderungen an Zeit, Qualität, Kosten und Flexibilität identifiziert werden kann. Dieser Wandel der Anforderungen kann nur erfüllt werden, wenn er als permanente Herausforderung und kontinuierlicher Prozess betrachtet wird, welcher nicht nur den Markt, sondern das gesamte Unternehmen umfasst[1].

Das BPM 2.0 (Social BPM) versucht diese Ansatzpunkte zu einer neuen Herangehensweise zu vereinen und somit die Flexibilität der betrieblichen Abläufe zu erhöhen, die Mitarbeitermotivation zu steigern, den BPM-Lebenszyklus zu verkürzen und Innovationen voran zu treiben.

In Kapitel 2 wird zunächst auf die grundlegenden Begrifflichkeiten und Terminologien, sowie die Grundkonzepte der Thematik eingegangen, um ein klares und eindeutiges Verständnis der nachfolgenden Kapitel zu ermöglichen. Kapitel 3 beschreibt dann kurz das methodische Vorgehen der vorliegenden Arbeit. Im anschließenden Kapitel 4 wird mit den erweiterten Konzepten zunächst auf die theoretischen Grundgedanken des Social BPM eingegangen und der veränderte Lebenszyklus zum klassischen BPM vorgestellt. Kapitel 5 gibt einen Überblick über die aktuellen Forschungsanstrengungen und offenen Probleme und erläutert in diesem Zusammenhang aktuelle Vorgehensansätze in unterschiedlichen Phasen des BPM-Zyklus. Anschließend wird in Kapitel 6 die Umsetzung in der Praxis anhand von existierenden Werkzeugen demonstriert.

In Kapitel 7 wird ein Vorschlag zur Einarbeitung der Themenfacette des Social-BPM in den allgemeinen Bezugsrahmen unterbreitet, im nachfolgenden Kapitel 8 werden die Ergebnisse der Arbeit zusammengefasst und als Fazit kurz bewertet. Im schließenden Kapitel 9 soll ein Ausblick auf die Zukunftsaussichten der Themenfacette Bezug nehmen.

---

[1] Schmelzer, Hermann J.; Sesselmann, W.: Geschäftsprozessmanagement in der Praxis - Kunden zufrieden stellen, Produktivität steigern, Wert erhöhen, 6. Ausgabe, Hanser (2008), S. 2

2. Grundkonzepte

2.1 Web 2.0 und Social Software

2.1.1 Begriffsklärung

Das World Wide Web (WWW) konnte in der ursprünglichen Form ausschließlich als Informationslieferant genutzt, da ein Rückkanal, und somit die Möglichkeit des Feedbacks und der Kommunikation nicht existierte. Das Web 2.0 beschreibt dabei das Ergebnis des Wandels dieser ursprünglichen Form des WWW in ein aktives Medium, welches eine Kommunikation zwischen den Nutzern ermöglicht.

Diese Kommunikation erfolgt mit unterschiedlichen Anwendungen und Technologien, welche unterschiedliche Möglichkeiten des Gedankenaustauschs (direkt oder indirekte Kommunikation) und der Publikation von Inhalten (User-Generated-Content) bereitstellen. Die folgende Abbildung führt diese Web 2.0-Technologien auf, wobei zwischen Eigenständigen Anwendungen und Add-Ons unterschieden wird. Eigenständige Anwendungen können technisch gesehen in Ihrer Instanz unabhängig von anderen Anwendungen existieren, wohingegen Add-Ons auf eine Oberanwendung angewiesen, da diese ohne weitere Inhalte keine Funktion bzw. keinen Nutzen generieren können.

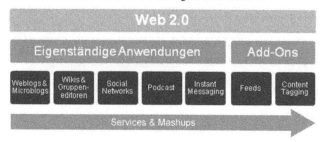

Abb. 1: Übersicht - Web 2.0-Anwendungen & Technologien[2]

Da die Erläuterung der einzelnen Anwendungen nicht im Zielfokus dieser Arbeit liegt und bereits gute und umfangreiche Literatur zu diesem Thema existiert, soll an dieser Stelle auf das Buch „Social Semantic Web"[3] verwiesen

---

[2] Eigene Erstellung
[3] Stocker, A.; Tochtermann, K.: Anwendungen und Technologien des Web 2.0: Ein Überblick In: Blumauer, A.; Pellegrini, T (Hrsg.): Social Semantic Web, Springer Berlin Heidelberg 2008, S. 63ff.

werden, welchem detaillierte Beschreibungen der einzelnen Technologien entnommen werden können.

Es bleibt schließlich festzuhalten, dass unter Social Software die in Abbildung 1 vorgestellten Web 2.0-Anwendungen und Add-Ons, sowie deren Kombination zu verstehen ist, oder genauer:

Unter Social Software versteht man onlinebasierte Anwendungen, welche das Informations-, Identitäts- und Beziehungsmanagement in (teil-)öffentlichen hypertextuellen und sozialen Netzwerken unterstützen[4].

2.1.2 Charakteristik von Social Software

Die zentrale Charakteristik von Social Software, wie sie im vorliegenden Kontext verstanden werden soll, zeichnet sich einerseits durch die Schaffung einer Selbstorganisation und andererseits durch die Ausnutzung kollektiver Intelligenz aus, worauf im Folgenden eingegangen werden soll.

- *Selbstorganisation:* Der Begriff der Selbstorganisation wird in verschiedenen wissenschaftlichen Disziplinen, unter Anderem in der Biologie, Physik und den Wirtschaftswissenschaften verwendet. Im vorliegenden Kontext soll folgende Definition als Grundlage bilden:

  „Unter Selbstorganisation versteht man die Fähigkeit von Systemen, ihre innere Ordnung ohne äußere Steuerung selbsttätig zu entwickeln und aufrechtzuerhalten. Die damit einhergehende Fähigkeit zu komplexem, adaptiven Verhalten stellt ein zentrales Merkmal lebender Systeme dar."[5]

  Überträgt man diese Definition auf Social Software hat dies einerseits eine sehr flache Organisationsstruktur und andererseits eine „schwache" Regelstruktur zur Folge. Beispielhaft soll hier Wikipedia angesprochen werden, wo sehr wenige feste Mitarbeiter, vor allem für die technische Lauffähigkeit des Systems verantwortlich sind, und eine sehr große Anzahl von Benutzern in Selbstorganisation sämtliche Inhalte generieren.

- *Kollektive Intelligenz:* Wie die Selbstorganisation ist auch die kollektive Intelligenz ein interdisziplinärer Begriff, welcher in verschiedenen Forschungsdomänen zu finden ist. Beim Kollektiv handelt es sich dabei um

---

[4] Dr. Schmidt, J: Social Software – Onlinegestütztes Informations-, Identitäts- und Beziehungsmanagement. In: Forschungsjournal Neue Soziale Bewegungen. Nr.2/2006 S. 37-46.
[5] Euler, M.; Bell, T.: Selbstorganisation und komplexe Systeme, In: IPN Blätter, Ausgabe 1/2000.

eine Gruppe aus Individuen, welches durch die unterschiedlichen Standpunkte und Ansichten der Teilnehmer in der Lage ist, neue Ansätze und Aspekte zu produzieren, welche ein Problem erklären oder lösen können.[6] Ferner wird die Fähigkeit zu lernen und zu verstehen in diesem Kontext als Intelligenz verstanden.

Um beim Beispiel der Wikipedia zu anzuknüpfen, kann auf den dort vorliegenden Mechanismus der Qualitätssicherung eingegangen werden. Bevor ein Artikel „bestätigt" wird, durchläuft er als „Vorschlag" einen Qualitätssicherungsprozess, welcher durch andere Benutzer gestaltet wird. Unterschiedliche Wissensstände und Ansichten der Benutzer führen dabei zu einer kontinuierlichen inhaltlichen Verbesserung, bis der Artikel schließlich als „bestätigt" zur Verfügung steht. Die Effektivität dieses Mechanismus belegte eine Expertenuntersuchung im Jahr 2005, wonach keine wesentlichen Qualitätsunterschiede gegenüber renommierten Enzyklopädien festgestellt werden konnten.[7]

2.1.3 Prinzipien von Social Software

Der Erfolg von Social Software lässt sich nach Schmidt und Nurcan[8] auf die Integration von vier wesentlichen Prinzipien zurückführen:

1. *Weak ties* (Lose Beziehungen): Social Software ermöglicht den spontanen Aufbau von losen Beziehungen zwischen vorher unverbunden Individuen.

2. *Social Production* (Soziale Produktion): Klassischerweise existiert bei der Generierung von Inhalten ein (oder sehr wenige) Autoren. Die Soziale Generierung von Inhalten beschreibt hingegen die Möglichkeit jeden Benutzers, direkten Einfluss auf die Generierten Inhalte zu nehmen.

3. *Egalitarianism* (Gleichheit der Benutzer): Dem Namen nach zielt dieses Prinzip auf eine Glättung der Rechtestruktur in den Anwendungen ab. Dies wird durch eine Verschmelzung der Rechte von Referenten und Konsumenten praktisch realisiert, wodurch eine verbesserte Interaktion der Benutzer untereinander ermöglicht wird.

---

[6] Leimeister J.M.: Kollektive Intelligenz, In: Wirtschafsinformatik Volume 52 (2010), S. 239ff.
[7] Gales, J: Special Report Internet encyclopaedieas go head to head, http://www.nature.com/nature/journal/v438/n7070/full/438900a.html, Abrufdatum: 20.08.2010 (kostenpflichtig).
[8] Schmidt, R.; Nurcan, S.: Augmenting BPM with Social Software, In: Rinterle-Ma, S.; Sadiq, S.; Leymann, F.: Business Process Management Workshops – BPM 2009 International Workshops Uml, Germany, September 2009 Revised Papers, Springer, S. 201ff.

4. *Service-Dominant Logic* (Serviceorientierte Logik): Die serviceorientierte Logik besagt, dass Benutzer nicht allein ein Produkt möchten, sondern vielmehr den Service hinter dem Produkt. Das bedeutet, dass der Benutzer aus Rolle der Passivität heraus, hinein in die Rolle eines aktiven Mitgestalters gelassen werden sollte.

2.2 Enterprise 2.0

Andrew McAfee, einer der Pioniere in den Bereichen Web 2.0 und Enterprise 2.0 definiert in seinem offiziellen Weblog Enterprise 2.0 wie folgt:

„Enterprise 2.0 is the use of emergent social software platforms within companies, or between companies and their partners or customers."[9]

Demnach findet der Einsatz von Web 2.0-Technologien in und zwischen Unternehmen seine Bezeichnung in „Enterprise 2.0". Jedoch wird dadurch nicht ausschließlich die Nutzung der genannten Technologien im betrieblichen Kontext beschrieben, sondern auch die damit verbundenen Auswirkungen auf die Informations- und Organisationsstruktur, sowie die Unternehmenskultur. Diese Auswirkungen wurden in einer Studie von Berlecon Research wie folgt identifiziert (Abbildung 2).

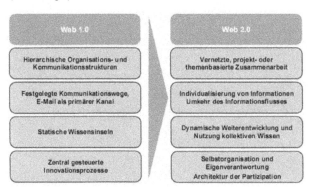

Abb. 2: Auswirkungen von Web 2.0 für Unternehmen[10]

---

[9] Andrew McAfee, The Business Impact of IT, Enterprise 2.0 – Version 2.0, 27.05.2006
http://andrewmcafee.org/2006/05/enterprise_20_version_20/
Abrufdatum: 17.08.2010.
[10] Berlecon Research (2007): Web 2.0 in Unternehmen – Potentiale von Wikis, Weblogs und Social Software; http://www.berlecon.de/studien/downloads/Berlecon_Web2.0.pdf , S. 22

2.3 Rollenverständnis im klassischen BPM

In diesem Abschnitt soll etwas genauer das Rollenverständnis im klassischen Geschäftsprozessmanagement erörtert werden. Standardwerke zum Geschäftsprozessmanagement sind sich hierbei weitestgehend bezüglich der Rollenverteilungen und Entscheidungskompetenzen einig, was folgende Tabelle verdeutlichen soll.

Quelle	Rolle	Zugehörige Mitarbeiter
Schmelzer[11]	Domänenexperten	Führungskräfte, ausgewählte Mitarbeiter der Fachabteilungen
	Ausführende Mitarbeiter	Mitarbeiter ohne Führungsverantwortung
Becker[12]	Perspektivenvertreter	Fachexperten, Top-Management, Organisationsmanagement, Informationsmanagement, Qualitätsmanagement, Controlling, Personalmanagment, Betriebsrat
	Restliche Mitarbeiter	Vor allem Mitarbeiter ohne Führungsverantwortung
Gadatsch[13]	Mitarbeiter mit Prozessveränderungskompetenz	Projektleiter, Prozessberater, Prozessmodellierer
	Mitarbeiter ohne Prozessausführungskompetenz	Process-Owner (Prozessverantwortliche, Prozessmanager)

Tabelle 1: Rollenverständnis im klassischen BPM in der Literatur[14]

Abrufdatum: 17.08.2010.

[11] Schmelzer, Hermann J.; Sesselmann, Wolfgang (Hrsg.): Geschäftsprozessmanagement in der Praxis. Kunden zufrieden stellen, Produktivität steigern, Wert erhöhen. 6. Aufl. München: Hanser, S. 432ff.

[12] Becker, J.; Mathas, C.; Winkelmann, A.; Geschäftsprozessmanagement, Springer 2009, S. 35f.

[13] Gadatsch, A.; Grundkurs Geschäftsprozessmanagement – Methoden und Werkzeuge für die IT-Praxis: Eine Einführung für Studenten und Praktiker, 6. Aufl. GWV Fachverlage GmbH 2010.

[14] Eigene Erstellung

Dieser Literaturvergleich (Tabelle 1) lässt erkennen, dass im Allgemeinen eine Unterscheidung zwischen zwei wesentlichen Gruppen (Rollen) vorgenommen wird – denjenigen Mitarbeitern, die für die Prozessgestaltung verantwortlich sind (im Folgenden Prozessgestalter genannt) und denen, die für die Prozessausführung verantwortlich sind (im Folgenden Prozessausführer genannt). Bei den Prozessgestaltern handelt es sich dabei entweder um leitende Angestellte, ausgewählte Mitarbeiter bzw. Fachexperten oder externe Prozessberater oder Prozessmodellierer. Entsprechend dazu handelt es sich bei den Prozessausführern um Mitarbeiter in der direkten Ausführungsebene.

Die Aufgabe der Prozessgestalter liegt zunächst in der Identifikation der relevanten Prozesse, sowie einer groben Spezifizierung der Abläufe. Mit zunehmendem Detaillierungsgrad werden die Prozessausführer einbezogen, da es sich bei diesen um die Hauptwissensträger der betrieblichen Teilprozesse handelt.

Im Rahmen der Prozessoptimierung kommen anschließend methodische Ansätze bzw. Vorgehensmodelle (wie beispielsweise SixSigma) zum Einsatz, welche weitere Einflussquellen, wie Kunden oder Verbesserungsvorschläge der Mitarbeiter, mit einbeziehen.

Rolle	Einflussart	„Rechte"
Prozessgestalter	Direkt	Gestaltung und Veränderung von Prozessen
Prozessausführer	Direkt	Beschreibung vorhandener Prozess
	Indirekt	Prozess-Verbesserungsvorschläge

Tabelle 2: Einflussmöglichkeiten der Rolleninhaber im klassischen BPM[15]

Nach der zusammenfassenden Abbildung (Tabelle 2) der Einflussmöglichen der Rolleninhaber im klassischen BPM lässt sich festhalten, dass die Prozessgestalter umfangreiche Rechte zur direkten Gestaltung der Geschäftsprozesse haben, wohingegen die Prozessausführer über sehr begrenzte Möglichkeiten verfügen. Da die Beschreibung vorhandener Prozesse lediglich die Wiedergabe des Ist-Prozesses darstellt, ist den Prozessausführern schlussendlich keine unmittelbare Einflussnahme in die Prozessgestaltung möglich.

---

[15] Eigene Erstellung

3. Untersuchungsansatz

3.1 Review

Die vorliegende Arbeit wurde nach der Review Methode erstellt. Der Review Begriff ist breit gefächert und es existieren viele verschiedene Sichtweisen. Diese Arbeit lehnt sich an den Beitrag von Cooper[16] an, da dieser allgemein am verbreitesten ist und auch in der Literatur viel Anklang und Zustimmung findet. Demnach wird ein Review durch zwei wesentliche Merkmale definiert:[17]

1. Die Grundlage eines Reviews sind verschiedene Primär-untersuchungen, auf denen ein Review aufgebaut wird. Diese Untersuchungen werden zu einer oder mehreren, thematisch ähnlichen, Forschungsfrage(n) durchgeführt. Im Review selbst werden keine neuen primären Ergebnisse zur Forschungsfrage vorgestellt.

2. Das Ziel eines Reviews ist, die Ergebnisse einiger ausgewählter Primäruntersuchungen zu bewerten, zusammenzufassen, zu beschreiben, zu klären oder zu integrieren. Das Review kann sich dabei auf inhaltliche, methodische, theoretische oder auch andere Eigenschaften der Primäruntersuchungen stützen.

Cooper definiert die Vorgehensweise zur Erstellung eines Reviews mit Hilfe von sechs Schritten: „Focus of attention, goal of the synthesis, perspective on the literature, coverage of the literature, organization of the presentation and intended audience"[18] (Problemformulierung, Zielsetzung, Literatursuche, Lite-raturauswertung, Präsentationsvorbereitung, Bestimmung der Zielgruppe). Diese Schritte werden im Folgenden näher erläutert.

3.2 Vorgehensweise

Die Review Methode gliedert sich in die bereits erwähnten 5 Hauptbereiche, an denen sich auch diese Arbeit orientiert.

---

[16] Cooper, H.M.: Synthesizing Research – A Guide for Literature Reviews. 3.Aufl., Thousand Oaks et al. 1998.
[17] Fettke, P.:State-of-the-Art des State-of-the-Art - Eine Untersuchung der Forschungsmetho-de „Review" innerhalb der Wirtschaftsinformatik, Wirtschaftsinformatik 48 (2006) 4, S.258.
[18] Cooper, H.M., Hedges L.V.: The Handbook of Research Synthesis, Russell Sage Founda-tion,1994, S.4.

Der erste Schritt stellt die Problemformulierung dar, in der die Fragestellung ausformuliert, abgegrenzt und näher präzisiert[19] wird. Danach folgt die Literatursuche. Hier werden verschiedene Bibliotheken und Literaturdatenbanken nach entsprechenden Schlagwörtern, wie beispielsweise „Referenzmodell" oder „Wiederverwendbarkeit", durchsucht und die Literatur gesammelt. Im dritten Schritt, der Literaturauswertung, wird dann festgestellt, welche der gefundenen Schriften relevant für das Thema sind und Literatur, die sich als irrelevant herausstellt, kann nun abgegrenzt werden. Die relevante Literatur wird gegliedert, bedeutende Stellen markiert und danach nach Wichtigkeit sortiert. In der darauffolgenden Phase, der Analyse und Interpretation, werden die Ergebnisse der vorherigen Phase analysiert, wobei die Fragestellung, auf die sich das Review bezieht, immer im Vordergrund steht und ein ständiger Bezug hergestellt wird.[20] Als letzte Phase folgt dann die Präsentation der Lösungsansätze, wobei die Ergebnisse der Untersuchung aufbereitet, auf einander abgestimmt und der Öffentlichkeit präsentiert werden.

Man kann von vorneherein allerdings nicht von solch einem starren Ablauf ausgehen, es ist immer möglich, dass wieder Rückschritte zwischen den einzelnen Phasen erfolgen und somit ein zyklischer Ablauf entsteht.

---

[19] Fettke, P.: State-of-the-Art des State-of-the-Art - Eine Untersuchung der Forschungsmethode „Review" innerhalb der Wirtschaftsinformatik, Wirtschaftsinformatik 48 (2006) 4, S.260.

[20] Fettke, P.:State-of-the-Art des State-of-the-Art - Eine Untersuchung der Forschungsmethode „Review" innerhalb der Wirtschaftsinformatik, Wirtschaftsinformatik 48 (2006) 4, S.258.

4. Erweiterte Konzepte

4.1 Beziehungen zwischen Social Software und BPM

Die Beziehung zwischen Social Software und dem Geschäftsprozessmanagement kann auf zwei unterschiedliche Weisen verstanden werden.[21]
Die erste Variante beschreibt die Nutzung von Social Software als Teil eines Geschäftsprozesses. So könnte entsprechende Webanwendungen beispielsweise zur Verbesserung des Kundenkontaktes genutzt werden, wodurch ein Rückkanal von Konsumenten zum Produzenten entsteht. Die Ergebnisse eines solchen Wissenstransfers könnten dann unter anderem in die Entscheidungsfindung zu betrieblichen Fragestellungen einfließen.

Die zweite Variante beschreibt das Geschäftsprozessmanagement als ein „Objekt" der Social Software. Nach diesem Verständnis wird Social Software also zum Design, der Modellierung, der Optimierung usw. von Geschäftsprozessen eingesetzt. Auf dieses Verständnis der Beziehung zwischen Social Software und BPM soll in der vorliegenden Arbeit Bezug genommen werden.

4.2 Prinzipien von Social Software im BPM und deren Erfolgspotentiale

Die in Kapitel 2.1.3 beschriebenen Prinzipien von Social Software weisen besondere Potentiale im Kontext des BPM auf, welche im Folgenden aufgegriffen werden.[22]

1. *Weak ties* (Lose Beziehungen): Lose Beziehungen erlauben die Sammlung von Informationen außerhalb einer etablierten Gruppe und erhöhen damit sowohl die Quantität aus auch die Qualität des Wissensflusses im Unternehmen. Diese Beziehungen können sowohl Unternehmensintern als auch Unternehmensübergreifend verstanden werden.

2. *Social Production* (Soziale Produktion): Die soziale Generierung von Inhalten lässt den Einfluss neuer Ideen und Ansätze von außerhalb und innerhalb des Unternehmens zu. Die Kombination der verschiedenen

[21] Schmidt, R.; Nurcan, S.: Augmenting BPM with Social Software, In: Rinterle-Ma, S.; Sadiq, S.; Leymann, F.: Business Process Management Workshops – BPM 2009 International Workshops Uml, Germany, September 2009 Revised Papers, Springer, S. 203f.
[22] Schmidt, R.; Nurcan, S.: Augmenting BPM with Social Software, In: Rinterle-Ma, S.; Sadiq, S.; Leymann, F.: Business Process Management Workshops – BPM 2009 International Workshops Uml, Germany, September 2009 Revised Papers, Springer, S. 201ff.

Einflüsse ermöglicht die Realisierung des „Best Practice" im Geschäftsprozessmanagement.

3. *Egalitarianism* (Gleichheit der Benutzer): Empirische Daten zeigen, dass viele Entscheidungs- und Planungsprobleme durch die Kombination vieler verschiedener Inputs bessere Ergebnisse liefern, als die alleinige Nutzung von Expertenwissen. Der Kontext des BPM liefert eine ideale Ausgangslage zur Nutzung dieser Erkenntnis (beispielsweise in der Prozessmodellierung).

4. *Service-Dominant Logic* (Serviceorientierte Logik): Im klassischen Ansatz des Geschäftsprozessmanagement können die Prozessgestalter als Produzenten und die Prozessausführer als Konsumenten verstanden werden. Eine Aktivierung der Prozessausführung in der Gestaltung der Prozesse würde nach dem diesem Prinzip den Interessen der Mitarbeiter entsprechen und damit einerseits die Motivation und andererseits das Involvement erhöhen.

4.3 Empowerment und Agiles BPM

Unter Empowerment wird im Allgemeinen eine Angleichung der Machtverhältnisse unterschiedlicher Authoritäts-Ebenen verstanden. Angleichung bedeutet in diesem Fall nicht, dass beide Ebenen (beispielsweise Eltern und Kind) anschließend über die gleiche Macht verfügen, sondern vielmehr, dass die untere Ebene an Macht gewinnt, die obere Ebene im Gegensatz dazu etwas an Macht abgibt.[23]

Bezogen auf den betrieblichen Kontext, insbesondere das Geschäftsprozessmanagement, bedeutet das einen Zugewinn von Entscheidungsfreiheiten der ausführenden Mitarbeiter (bzw. Prozessausführer) und der gleichzeitigen Abgabe von Entscheidungskompetenzen der Führungskräfte (bzw. Prozessgestalter).

Um die Prinzipien des Web 2.0 mit dem BPM in Einklang zu bringen, und damit die Erfolgspotentiale des BPM 2.0 ausnutzen zu können, bedarf es der Abkehr vom in Kapitel 2.3 erläuterten Rollenverständnis des klassischen Geschäftsprozessmanagements. Eine wesentliche Maßnahme dafür stellt das Empowerment dar, wodurch diverse Ansätze geschaffen werden - Einerseits wird der Weg zur Gleichheit der Benutzer im System geebnet (Egalitarianism), andererseits werden die Prozessausführer in der Prozessgestaltung aktiviert (Servi-

---

[23] Lashley, C.: Empowerment – HR Strategies for Service Excellence, Butterworth Heinemann (2001), S. 2ff

ce-Dominant Logic). Ein weiterer wesentlicher Punkt stellt die Entwicklung zur Selbstorganisation dar, wobei es sich um eine wesentliche Charakteristik von „sozialen" Anwendungen bzw. Technologien handelt.

Das Instrument des Empowerments führt weiterhin zu einem geringeren büro-kratischen Aufwand für die Unternehmung und zu einer insgesamt schwäche-ren Regelstruktur, wodurch wiederum wachsende Freiheitsgrade der einzelnen Mitarbeiter charakterisiert sind und ferner eine erhöhte Flexibilität generiert wird[24]. Demnach ist das Empowerment nicht nur die Voraussetzung zur „Sozi-alisierung" des Geschäftsprozessmanagements sondern es führt gleichzeitig zu einer „agilen" Unternehmens- und Organisationsstruktur.

4.4 Social BPM Lebenszyklus

Wie bereits in den vorherigen Kapiteln angedeutet, wird unter Social BPM der Einbezug der Prozessausführer in den gesamten Geschäftsprozessmanagement-Zyklus verstanden. Entgegen der vorherrschenden Praxis, in welcher die Pro-zesse ausschließlich von spezialisierten Teams (Prozessgestalter, sowohl intern als auch extern) organisiert werden, werden die Geschäftsprozesse in diesem Ansatz unter Beteiligung der betroffenen Stakeholder entworfen und überarbei-tet.

Um diesen Ansatz des Geschäftsprozessmanagements umsetzen zu können wird auf das in Kapitel 3.3. vorgestellte Empowerment zurückgegriffen. Dem-nach wird eine Trennung der BPM-Phasen in ein strategisches und ein operati-ves BPM vorgenommen (siehe Abbildung 3), was als Voraussetzung zur Um-setzung der hier angestrebten Selbstorganisation angesehen werden kann[25]. Entsprechend des Konzeptes des Empowerments gewinnen die Prozessausführ-rer dadurch an Mitwirkungskompetenz, im Gegensatz dazu geben die Prozess-gestalter einen Teil Ihrer alleinigen Kompetenz ab. Somit werden hierbei zwar Prozessvorgaben (Strategisches Prozessmanagement) weiterhin von spezia-lisierten Teams vorgelegt, jedoch werden die Stakeholder nun in das operative BPM integriert.

---

[24] Gernert, C.: Agiles Projektmanagement – Risikogesteuerte Softwareentwicklung, Hanser (2003), S. 2f
[25] Kurz, M.; Bartmann, D. (Hrsg.); Bodendorf, F. (Hrsg); Ferstl, O.K. (Hrsg.); Sinz, E.J. (Hrsg.): BPM 2.0 – Organisation, Selbstorganisation und Kollaboration im Geschäftsprozess-management, Bamberg, Erlangen-Nürnberg, Regensburg 2009, S. 33

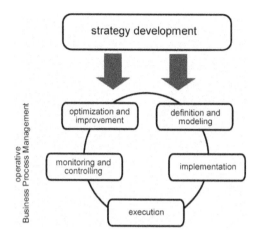

Abb. 3: Trennung zwischen operative und strategischem BPM als Voraussetzung der Selbstorganisation[26]

Nach Kurz et. al soll die stärkere Einbindung der Mitarbeiter der besseren Erreichung folgender Ziele dienen:

- Verbesserungszyklen verkürzen

- Aktualität der Prozessmodelle sichern

- Erfolgsaussichten der Einführung von Prozessverbesserungen erhöhen

- Risiken bei der Einführen von Geschäftsprozessen reduzieren

- Umsetzbarkeit von Geschäftsprozessen sicherstellen

- Erfolg versprechende Innovationen identifizieren

---

[26] Eigene Erstellung in Anlehnung an: Kurz, M.; Bartmann, D. (Hrsg.); Bodendorf, F. (Hrsg); Ferstl, O.K. (Hrsg); Sinz, E.J. (Hrsg.): BPM 2.0 – Organisation, Selbstorganisation und Kollaboration im Geschäftsprozessmanagement, Bamberg, Erlangen-Nürnberg, Regensburg 2009, S. 34

5. Aktuelle Entwicklung und offene Probleme im Social BPM

5.1 Technologieoptionen

Aktuelle Forschungs- und Entwicklungsbemühungen liegen unter Anderem im Bereich der Planung und Implementierung erster Prototypen und Beta-Versionen von Social-BPM-Werkzeugen. Eine beutende Rolle spielt in diesem Kontext, wie welche Web 2.0-Technologien und –Anwendungen effektiv zum Einsatz kommen können.

Eine wesentliche Eigenschaft von Web 2.0-Anwendungen ist die Herabsetzung der Nutzungshemmschwelle durch die Nutzung eines Browsers als einzige technische Voraussetzung. Diese Eigenschaft birgt zwei Vorteile für die späteren Nutzer; einerseits ist, gerade bei der sporadischen Anwendungsnutzung, keine Softwareinstallation notwendig, andererseits sind die meisten Anwender mit der Nutzung entsprechender Teilanwendung durch die Web-Nutzung im Alltag vertraut, sodass eine aufwendige Einarbeitung entfällt.

Kurz et. al schlägt aus diesem Grund eine webbasierte Prozessplattform vor, welche die Instanziierung separater „Workspaces" (z.B. ein Workspace je Prozessmodell) ermöglicht, wobei jeder Workspace mehrere Werkzeuge zur Unterstützung des gesamten BPM-Zyklus bereithält. Bei diesen unterstützenden Tools handelt es sich dann um die klassischen Web 2.0-Technologien. Im exemplarischen Fall eines unbestimmten Prozessworkspaces, wird insbesondere die Nutzung von Modellierungswerkzeugen, Wikis, Foren, Benachrichtigungsmechanismen, kollaborative Bewertungsfunktionen, sowie die teilautomatisierte Erstellung von Varianten-Workspaces vorgeschlagen[27].

Das Wiki soll in diesem Fall dazu dienen, die Prozessmodelle durch Texte und Grafiken zu ergänzen und damit eine Dokumentation zu erzeugen. Allgemeine Diskussionen über Prozesse sollen über das Forum abgewickelt werden und durch einen Benachrichtigungsmechanismus sollen Mitarbeiter stets über Änderungen und Vorschläge bezüglich „ihrer" eigenen Prozesse informiert werden. Die kollaborative Bewertungsfunktion ermöglicht ein schnelles und unkompliziertes Feedback zu den erstellen Prozessen.

Vanderhaeghen und Fettke sehen eine mögliche Architektur der Technologieoptionen in einer modularen Prozessmanagement-Plattform, welche verschie-

---

[27] Kurz, M.; Bartmann, D. (Hrsg.); Bodendorf, F. (Hrsg); Ferstl, O.K. (Hrsg.); Sinz, E.J. (Hrsg.): BPM 2.0 – Organisation, Selbstorganisation und Kollaboration im Geschäftsprozessmanagement, Bamberg, Erlangen-Nürnberg, Regensburg 2009, S. 35ff

dene lose gekoppelte aufgabenspezifische Module zur Laufzeit kombiniert (siehe Abbildung 4)[28]. Zentral werden in diesem Vorschlag folgende vier Module vorgestellt:

- *Selbstorganisation für Prozesskollektive:* Funktionalitäten zur Unterstützung der Selbstorganisation und Nutzung der kollektiven Intelligenz.

- *Kooperatives Modellierungsmanagement:* Funktionalitäten zur kollaborativen Prozessmodellierung und –präsentation.

- *Transformations- und Konvertermanagement:* Funktionalitäten zur Transformation von Prozessmodellen in verschiedene Modellierungssprachen.

- *Management dynamischer Prozessmodule:* Modellbibliothek zur Vorhaltung einzelner Prozessmodelle, welche zur Prozessgestaltung wiederverwendet werden können (Referenzmodelle).

Die anfallenden Daten werden in einem Repository abgelegt. Weiterhin existieren in diesem Vorschlag diverse Schnittstellen zu „klassischen" Geschäftsprozessmanagementwerkzeugen, welche wiederum den gesamten BPM-Zyklus technisch unterstützen. Als wesentliche Web 2.0-Technologien werden in diesem Ansatz bzw. in Rahmen des entwickelten Forschungsprototypen das Social Tagging, die synchrone Kommunikation (Chat bzw. VoIP), sowie Social Networking aufgeführt.

---

[28] Vanderhaeghen, D; Fettke, P.: Organisations- und Technologieoptionen des Geschäftsprozessmanagements aus der Perspektive des Web 2.0 – Ergebnisse eines gestaltungsorientierten Forschungsansatzes unter besonderer Berücksichtigung von Selbstorganisation und kollektiver Intelligenz, In: Wirtschaftsinformatik 1/2010, S. 17ff

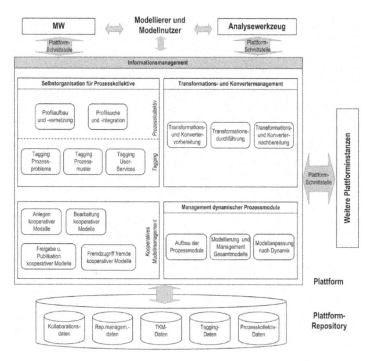

Abb. 4: Architektur der Plattform zum Prozessmanagement[29]

5.2 Prozessdefinition und Modellierung

Da prozessausführende Mitarbeiter einer Unternehmung im Allgemeinen nicht mit Modellierungssprachen- und Techniken vertraut sind, ist es in der Phase der Definition und Modellierung der betrieblichen Prozesse wichtig, dem Benutzer Oberflächen und Funktionen zu präsentieren, mit denen er intuitiv umgehen kann. Hierbei liegt das Problem weniger in der Nutzung der Web 2.0-Kompenten einer entsprechenden Plattform als vielmehr in der Modellierung selbst. Zur Lösung dieses Problems sind zwei Vorgehensweisen denkbar.

---

[29] Vanderhaeghen, D; Fettke, P.: Organisations- und Technologieoptionen des Geschäftsprozessmanagements aus der Perspektive des Web 2.0 – Ergebnisse eines gestaltungsorientierten Forschungsansatzes unter besonderer Berücksichtigung von Selbstorganisation und kollektiver Intelligenz, In: Wirtschaftsinformatik 1/2010, S. 23, Abb. 2

Die erste Möglichkeit liegt in der Komplexitätsreduktion der Sprachkonstrukte einer Modellierungsmethode. Beispielsweise verfügt die Ereignisgesteuerte Prozesskette (EPK), ebenso wie das Entity-Relationship-Model (ERM) über umfangreiche Symbole, welche zur Modellierung eingesetzt werden können. Durch die Beschränkung dieser Symbole auf ein Minimum wird die Sprache für den Benutzer nach einer sehr geringen Einarbeitungszeit einfach nutzbar, wie es am Beispiel des ARIS Business-Architects mit Methodenfilter (siehe Abbildung 5), exemplarisch dargestellt wird. Nach Abschluss der Grundmodellierung könnten anschließend entsprechende Prozessgestalter die Verfeinerung durch weitere Sprachkonstrukte vornehmen.

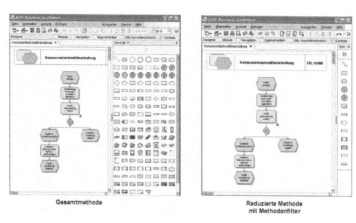

Gesamtmethode   Reduzierte Methode
mit Methodenfilter

Abb. 5: Beispiel ARIS Business Architect mit Methodenfilter[30]

Die zweite Möglichkeit besteht in einem einfacheren Konzept, welche unabhängig von existierenden Modellierungssprachen funktioniert. So wird hierbei zunächst von den Prozessgestaltern mithilfe von digitalen Textnotizen der zu modellierende Aspekt in der Plattform „angesprochen". Die Prozessausführer sind dann angehalten, ebenfalls entsprechende Notizen anzubringen, welche aus Ihrer Sicht in den Kontext gehören bzw. ihre eigenen Tätigkeiten darstellen. Durch diese Methode findet iterativ eine kontinuierliche Detaillierung des zu modellierenden Sachverhalts statt, bis der Prozess schließlich in Gänze textuell beschrieben ist.

---

[30] Komus, A.: Wikimanagement – BPM im Zeitalter von Web 2.0 und Social Software (Foliensatz vom 6. IIR-Forum Business Process Management 2007), S. 36

Anhand der einbrachten Notizen können anschließend Prozessgestalter bzw. Prozessmodellierer die eigentliche Modellierung durchführen und es besteht weiterhin eine einfache Möglichkeit zur Generierung einer Volltext-Dokumentation.

Da während der Sammlung dieser Notizen bzw. während der Modellierung (in Variante 1) alle Beteiligten den Gesamtkontext bzw. das Modell einsehen können, wird in beiden Vorschlägen eine stetige Kontrolle des Prozesses durch alle Beteiligten ermöglicht, was einerseits einer isolierten Prozesssicht der Prozessausführer entgegenwirkt und andererseits die Innovationsfähigkeit durch neue Ideen aus neutralen Positionen steigert. Nach dem Web 2.0-Prinzip bzw. dem in der Einleitung vorgestellten Mechanismus der Qualitätssicherung der Wikipedia erfolgt die Akzeptanz des Prozesses durch die Zustimmung der Beteiligten, wodurch Irrtümer oder Fehlinterpretationen, wie sie beim klassischen BPM nicht selten auftreten, im Vorfeld vermieden werden.

5.3 Prozessoptimierung – Vorgehen und Qualitätssicherung

Im Rahmen von Social BPM zeichnet sich eine neue „soziale" Methode zur Prozessoptimierung ab. Prozessausführer (PA) haben hier die Möglichkeit direkt in Prozessmodelle einzugreifen, um Änderungsvorschläge zu modellieren und die Begründung bzw. Relevanz zu dokumentieren. Weitere Mitarbeiter ebenso wie Prozessverantwortliche entscheiden anschließend über die Relevanz. Wurde die Relevanz bzw. die Notwendigkeit der Prozessänderung erkannt, so erfolgt eine iterative Überarbeitung des Prozesses, bis der Prozess allgemein als Entwurfsversion akzeptiert wird. Anschließend erfolgt wiederum eine iterative Überarbeitung dieser Entwurfsversion auf der Basis von Reviews, welche die Prozessgestalter untereinander durchführen. Erfolgt ein Review ohne weitere Änderungsvorschläge wird der Prozess freigegeben und anschließend als neuer Ist-Prozess in das unternehmensweite Prozessmodelle integriert. Das erläuterte Vorgehen wurde in Abbildung 6 unter Zuhilfenahme der Ereignisgesteuerte Prozesskette (EPK) modelliert. Wie auch bei der Prozessdefinition und Modellierung kann in der Prozessoptimierung auf die Qualitätssicherungsmechanismen des Kollektivs zurückgegriffen werden. Einerseits kann frühzeitig die Sinnhaftigkeit und Notwendigkeit der vorgeschlagenen Prozessänderung bzw. der aktuellen Schwachstelle sowohl mit den betroffenen Stellen (den Prozessausführern) als auch mit den Prozessgestaltern diskutiert werden, andererseits kann durch die iterative kontinuierliche Prozessverbesserung durch mehrere Beteiligte der gewünschte Ist-Prozess schneller erreicht werden.

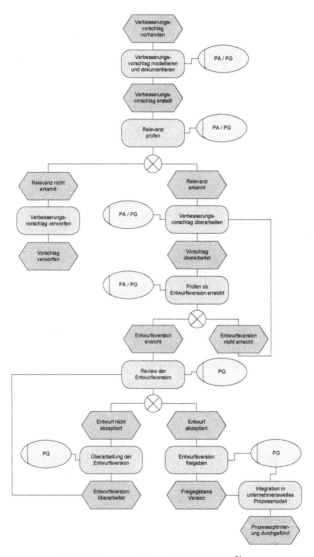

Abb. 6: Prozessoptimierung im Social BPM[31]

---

[31] Eigene Erstellung

5.4 Rollenverständnis im Social BPM

Durch das Empowerment, welches dem Einsatz von Social BPM voraus geht, und der damit einhergehenden neuen Aufgabenverteilung sehen sich die Prozessgestalter und Prozessausführer mit neuen Herausforderungen konfrontiert. Da die Grenzen dieser beiden Rollen zunehmend verschwimmen, werden im Folgenden „Führungskräfte" als die bisherigen Prozessgestalter und „Mitarbeiter" als die bisherigen Prozessausführer bezeichnet werden.

Da die Mitarbeiter, wie in den vorherigen Kapiteln beschrieben, nun direkten Einfluss auf die Gestaltung „ihrer" Prozesse haben, müssen Sie als Team kooperativ an deren Entwicklung arbeiten. Dies bedeutet die Notwendigkeit der Auseinandersetzung mit den Gesamtprozessen und anderen betriebswirtschaftlichen Aspekten, wie Unternehmensziele, Budgetierung und Leistungskontrollen. Sie müssen weiterhin lernen Ihr eigenes Vorgehen kritisch zu hinterfragen und ebenso entgegengebrachte Kritik anzunehmen. Somit wird Ihnen außerdem, durch den wesentlich höheren Interaktionsbedarf im Team, eine erhöhte Sozialkompetenz im Vergleich zum klassischen BPM abverlangt.

Die Führungskräfte rücken in diesem Konzept in die Rolle eines Coachs, Koordinators, Designers und Förderers zugleich[32]. Sie haben die Aufgabe die Teams zu organisieren, auf notwendige Tätigkeiten aufmerksam zu machen und das notwendige Wissen zu vermitteln. Sie tragen damit ebenfalls dazu bei, die Prozessentwicklung kontinuierlich zu fördern, da sie in der Rolle eines „Visionärs" entscheidende Denkanstöße weiterzugeben haben.

5.5 Charakteristik des Social BPM

Wie den vorangegangenen Kapiteln zu entnehmen ist, verfügt das Social BPM über eine wesentlich geänderte Charakteristik im Vergleich zum klassischen Geschäftsprozessmanagement, da aus der Sichtweise des Web 2.0 neue Vorgehensmodelle und –praktiken resultieren. Vanderhaeghen und Fettke identifizierten in einer tabellarischen Übersicht (Tabelle 3) diese Charakteristik im direkten Vergleich mit dem klassischen BPM wie folgt.

---

[32] Kurz, M.; Bartmann, D. (Hrsg.); Bodendorf, F. (Hrsg); Ferstl, O.K. (Hrsg); Sinz, E.J. (Hrsg.): BPM 2.0 – Organisation, Selbstorganisation und Kollaboration im Geschäftsprozessmanagement, Bamberg, Erlangen-Nürnberg, Regensburg 2009, S. 19f

	Bisherige Ansätze des Prozessmanagements	Prozessmanagement aus der Perspektive des Web 2.0
Organisationsoptionen		
Prozess des Prozessmanagements	A priori festgelegt	Dynamisch
Dominierende Planungsrichtung	Zentrale Instanz	Dezentrale Instanzen und Selbstorganisation
Festlegung von Prozessen	A priori „vollständig" schematisierte Prozesse	Nach Bedarf dynamisch festgelegte Prozessschematisierungen
Verantwortung für Prozessdokumentation	Spezielle Mitarbeiter	Prozessbeteiligte
Berücksichtigung des Wissens der Prozessbeteiligten	Inder Regel zu einem festgelegten Reorganisationszeitpunkt	Laufend
Pflege der Prozessdokumentation	Zu festgelegten Zeitpunkten	Laufend
Technologieoptionen		
Organisation des Prozesses der Entwicklung und Anwendung eines Prozessmanagement-Systems	Analog zu vorherigen Organisationoptionen	Analog zu vorherigen Organisationsoptionen
Zusammenhang zwischen Entwicklungs- und Laufzeit	Trennung von Entwicklung- und Laufzeit	Enge zeitliche Verzahnung
Architektur für Prozessmanagement-System	Monolithisch	Lose zur Laufzeit gekoppelte Komponenten

Tabelle 3: Charakteristiken des Prozessmanagements aus der Perspektive des Web 2.0[33]

---

[33] Vanderhaeghen, D; Fettke, P.: Organisations- und Technologieoptionen des Geschäftsprozessmanagements aus der Perspektive des Web 2.0 – Ergebnisse eines gestaltungsorientierten Forschungsansatzes unter besonderer Berücksichtigung von Selbstorganisation und kollektiver Intelligenz, In: Wirtschaftsinformatik 1/2010, S. 30, Tab. 3

6. Aktuelle Prototypen

6.1 ARISalign

Die erste Social-Plattform der ARIS-Reihe ist derzeit in einer Beta-Version vorhanden und damit einer der Vorreiter in diesem Bereich. Wie aus gängigen Web 2.0- und Enterprise 2.0-Anwendungen bekannt verfügt es über ein Dashboard, welches die zentrale Anlaufstelle für alle weiteren Aktionen darstellt. Dieses Dashboard ermöglicht folgende Aktionen:

- Projekte: Hier gelangt zu man zum Ausgangspunkt, wobei die direkte Modellierung und Optimierung von Geschäftsprozessen angestrebt wird (auf diesen Punkt wird später genauer eingegangen).

- Kontakte: Dieser Bereich realisiert die Funktionalitäten eines sozialen Netzwerks.

- Gruppen: Erweitert zu dem sozialen Netzwerk können in diesem Bereich projektunabhängige Gruppenbildungen und Diskussionen stattfinden.

- Nachrichten-Center: Verwaltung der Nachrichten, die aus dem System heraus generiert werden.

Der zentrale Bereich der Projekte ist von besonderer Relevanz, da hier das eigentlich Social BPM stattfindet. Zur Modellierung wurde bei ARISalign der zweite in Kapitel 5.2 vorstellte Ansatz umgesetzt, welcher sich hier im Detail wie folgt gestaltet:

Zunächst wird von einer Führungskraft ein Projekt angelegt, wobei verschiedenen Berechtigungsprofile (Privat, Offen, Teiloffen) gewählt werden können, und passende Tags vergeben werden. Anschließend erstellt diese Person eine Menge von digitalen Haftzetteln, welche den groben Ablauf des zu modellierenden Prozesses spezifizieren. Bei Erstellung dieser Notizen werden manuell Mitarbeiter „eingeladen" welche als Fachkräfte für den beschriebenen Teilprozess identifiziert wurden. Es kann im Rahmen dieser Einladung entschieden werden, ob der Eingeladene in die Rolle eines Projektadministrators, Contributors oder Reviewers einzufügen ist. Die entsprechenden Mitarbeiter bekommen eine Benachrichtigung per E-Mail und können im Nachrichtencenter bzw. auf „ihrer" Startseite der Plattform die „Einladung" annehmen oder ablehnen. Hat der Mitarbeiter angenommen erstellt dieser weitere Haftzettel mit direktem Bezug zu der Obernotiz, sodass der Kontext gewahrt bleibt. Ebenso können identifizierte Lücken ergänzt werden. Durch einen iterativen Vorgang entsteht so eine immer detaillierte Beschreibung des Prozesses. Treten Unstimmigkeit oder Diskussionsbedarf auf, so kann dies über ein projekt- bzw. prozessspezifi-

sches Forum behandelt werden. Ferner verfügt der Projektworkspace über eine eigene Library, welche Dokumente verschiedener Formate aufnehmen kann. Die Mitarbeiter haben weiterhin die Möglichkeit via Splitscreen diese Haftnotizen in ein Modell zu „ziehen" und damit die Prozessmodellierung voran zu treiben. Hat das Modell einen, nach Meinung des Projektverantwortlichen „reifen" Grad erreicht, kann dieser eine weitere Person auffordern, ein Review zu diesem Prozess durchzuführen. Schließlich besteht auch die Möglichkeit die Modelle nach einem Export in klassischen BPM-Werkzeugen weiterzubearbeiten.

Es existiert ein plattformweiter Benachrichtigungsdienst, welche über neue Projekte und Einträge informiert, ebenso wie die Möglichkeit des Microblogging und eine Tag-basierte Suchfunktion.

Ferner können aus der ARIS-Community Prozessexperten externer Unternehmen und sonstige Community-Mitglieder zur Mitarbeit an den Prozessen herangezogen werden, sodass die Prozessgestaltung über die Unternehmensgrenzen hinweg bereits realisiert ist.

Mit ARISalign wurde folglich eine Plattform kreiert, welche diverse, in der vorliegende Arbeit erläuterten Konzepte, technisch umsetzt. So wird einerseits der vorgeschlagene Projektworkspace implementiert, welcher beliebig viele Instanzen erlaubt, und andererseits ein modulares Konzept realisiert, wenn auch nicht ganz mit der vorgeschlagenen Dynamik. Ebenfalls wurden die beiden angesprochenen Alternativen zur Prozessmodellierung kombiniert umgesetzt, sodass sowohl modellierungserfahrene Mitarbeiter, als auch diejenigen ohne entsprechende Vorkenntnisse, ihr Prozesswissen in geeigneter Weise einbringen können.

Der Schwerpunkt dieser Plattform liegt jedoch auf der Erfassung und Modellierung von Prozessen und lässt bisher weitere Phasen des (Social-)BPM-Zyklus offen.

6.2 collMaP (Forschungsprototyp)

Der Forschungsprototyp collMaP resultiert aus der vorgestellten Arbeit von Vanderhaeghen und Fettke und wurde demnach entsprechend der darin vorgeschlagenen modularen Architektur entwickelt. Als Modellierungswerkzeug kommen hierbei das ARIS Toolset, sowie der ARIS Web Designer der IDS Scheer AG zum Einsatz, was gleichzeitig bedeutet, dass hier eine direkte Modellierung ohne vorherige Sammlung von „Notizen" durchgeführt wird. Eben-

falls wird ein Transformations- und Konvertermanagement zur Verfügung gestellt, sodass auch andere Werkzeuganbieter Berücksichtigung finden.

Im Rahmen der Web 2.0-Technologien wird bei CollMaP Skype für die (synchrone) Kommunikation zwischen den Prozessbeteiligten eingesetzt. Darüber hinaus wurde Dolphin zur Realisierung sozialer Netzwerke und Delicious zur Verwaltung von Tags in die Plattform eingebunden. Durch eine lose Kopplung der einzelnen Komponenten ermöglicht der Forschungsprototyp das einfache Ersetzen durch alternative Anwendungen bzw. Komponenten.

CollMap, als Hauptkomponente und Kern der Web-Anwendung, umfasst im Wesentlichen ein Modellrepository und eine Benutzerschnittstelle zur Web-basierten Modellverwaltung. Dabei greift es auf die Benutzerverwaltung von Dolphin zu, wobei Skype über eine Profilvernetzung direkt in die Plattform integriert wird. Die Modellierung selbst findet wahlweise in einer externen Anwendung oder kollaborativ mit Hilfe des Web-basierten Modellierungswerkzeugs CoMoMod statt. Über die Plattform können schließlich Prozessmodelle für weitere CollMaP-Instanzen freigegeben werden, sodass eine Nutzung über die Unternehmensgrenzen ermöglicht wird.

Zwar sind weitere Punkte wie „Ausführung und Controlling" im Werkzeug zu erkennen, jedoch wird auch hier die entsprechende Umsetzung offen gelassen.

7. Bedeutung für den Bezugsrahmen

Die vorliegende Arbeit hat gezeigt, welches Potential der Einsatz von Social im Geschäftsprozessmanagement aufweist. Es bleibt jedoch noch festzuhalten, welchen Anforderungen eine BPM-Suite gerecht werden muss, um Social BPM geeignet zu unterstützen. Da die Prozessgestaltung (Dokumentation und Modellierung) einen wesentlichen Aspekt im Social BPM darstellt, genauso wie der Vorgang der Prozessoptimierung und -weiterentwicklung muss in diesen Bereichen das Hauptaugenmerk der Anforderungen liegen.

Um eine möglichst einfache Nutzung zu gewährleisten sollte keine Softwareinstallation auf den Client-Rechnern notwendig sein, die Plattform muss also einerseits web-basiert in gängigen Browsern nutzbar sein, andererseits eine intuitive Handhabung ermöglichen. Hierzu sollten, aus dem Alltag bekannte, Web 2.0 Technologien in den Bereichen der Modellierung und Optimierung von Geschäftsprozessen im System integriert sein, um die Diskussion über prozessspezifische Aspekte technisch zu unterstützen. Dies können beispielsweise Foren, Wikis oder Blogs sein.

Darüber hinaus soll die Entwicklung einer Folksonomie mit Hilfe von Tags gefördert werden, sodass entsprechende Mitarbeiter, die für Sie relevanten Prozesse und Beiträge, schnell und einfach finden können.

Da jeder Mitarbeiter die Benutzerrechte zur Manipulation der Prozessmodelle besitzt, ist es weiterhin von größter Wichtigkeit, dass ein Prozess-Versionierungs-System in der Plattform integriert ist, um eventuelle Änderungen anhand der Historie rückgängig machen zu können.

Um die erstellten Prozesse weiterverwenden und umfangreich nachbearbeiten zu können, sollen ferner Schnittstellen zu klassischen BPM-Werkzeugen angeboten werden.

Der bisherige Forschungsstand, sowie die aktuellen Prototypen haben gezeigt, dass der Fokus des Social BPM auf der Prozessmodellierung, -dokumentation und –optimierung liegt, weshalb in der Einordnung in den Bezugsrahmen derzeit auch nur diese Aspekte berücksichtigt werden. Es handelt sich dabei um einen Vorschlag aus der aktuellen Sichtweise und schließt eine spätere Änderung aufgrund neuer Erkenntnisse nicht aus. Es ist durchaus denkbar, dass auch die übrigen Phasen des BPM-Zyklus einen stärkeren Einzug in das Social BPM finden. Tabelle 4 fasst diesen Vorschlag zusammen:

Social BPM	
Web-basierte Modellierung	Ja / Nein
Web 2.0-Technologien zur Diskussion	Forum, Wiki, Blog
Social Tagging	Skala von 1 – 10, welche für die prozentuale Möglichkeit des Tagging von Inhalten steht
Automatische Modell-Versionierung	Ja / Nein
Export von Prozessmodellen	XML, CSV, Werkzeugspezifisch, usw.
Import von Prozessmodellen	XML, CSV, Werkzeugspezifisch, usw.

Tabelle 4: Social BPM im allgemeinen Bezugsrahmen[34]

---

[34] Eigene Erstellung

8. Zusammenfassung und Fazit

Die Ansätze des klassischen Geschäftsprozessmanagements werden der geforderten Dynamik in der heutigen Geschäftswelt nur unzureichend gerecht, da der Planungs- und Verbesserungszeitraum meist wesentlich zu lang ist. Das Social BPM versucht dieser Problematik mit den Prinzipien des Web 2.0 entgegenzuwirken.

Durch die Generierung einer Selbstorganisation und der Nutzung kollektiver Intelligenz wird es möglich, die Prozessbeteiligten direkt in die Prozessgestaltung mit einzubeziehen. Dadurch werden mögliche Probleme bei der Prozesseinführung frühzeitig erkannt, sodass das Risiko des „Last-Mile-Problems" wesentlich reduziert wird. Durch unkomplizierte und unbürokratische Wege findet die Prozessoptimierung nicht wie bisher zu bestimmten Zeitpunkten, sondern kontinuierlich statt, was die Prozessdynamik stark erhöht und vielfach schneller auf sich ändernde Umwelteinflüsse reagiert werden kann.

Durch die Nutzung einer web-basierten Plattform wird gleichzeitig die Hemmschwelle zur Nutzung der Software und der Beteiligung an der Prozessgestaltung reduziert, was nochmals durch den Einsatz bekannter Web 2.0-Technologien verstärkt wird.

Insgesamt ändert sich dadurch die Charakteristik des Geschäftsprozessmanagements insofern, als dass der zentrale Lösungsweg durch einen dezentralen Ansatz ersetzt wird und ferner die bisherige Planungsintensität der Managementmethode durch eine verteilte Selbstorganisation entschärft wird.

9. Ausblick

Da sich die Themenfacette des Social BPM noch am Anfang der Forschung befindet bedarf es auch in Zukunft noch einigen Forschungsanstrengungen. Beispielsweise gilt es in diesem Zusammenhang zu untersuchen, wie Darstellungsformen bzw. Vorgehensmodelle zu gestalten sind, um einen möglichst großen Nutzerkreis anzusprechen. Vor allem muss geprüft werden, welche kritische Masse, bezogen auf die Unternehmensgröße, den Einsatz von Social BPM erst sinnvoll machen, da diese einen großen Einfluss auf die Qualität der resultierenden Geschäftsprozesse hat.

Schließlich muss geklärt werden, ob und wie die übrigen Phasen des BPM-Zyklus in die „Sozialisierung" des Geschäftsprozessmanagements mit einbezogen werden können und welche Potentiale und Umsetzungsmöglichkeiten denkbar sind.

Literaturverzeichnis

Andrew McAfee, The Business Impact of IT, Enterprise 2.0 – Version 2.0, 27.05.2006 - http://andrewmcafee.org/2006/05/enterprise_20_version_20/.

Becker, J.; Mathas, C.; Winkelmann, A.; Geschäftsprozessmanagement, Springer 2009.

Berlecon Research (2007): Web 2.0 in Unternehmen – Potentiale von Wikis, Weblogs und Social Software; http://www.berlecon.de/studien/downloads/Berlecon_Web2.0.pdf.

Blumauer, A.; Pellegrini, T (Hrsg.): Social Semantic Web, Springer Berlin Heidelberg 2008.

Cooper, H.M.: Synthesizing Research – A Guide for Literature Reviews. 3.Aufl., Thousand Oaks et al. 1998.

Dr. Schmidt, J: Social Software – Onlinegestütztes Informations-, Identitäts- und Bezie-hungsmanagement. In: Forschungsjournal Neue Soziale Bewegungen. Nr.2/2006.

Euler, M.; Bell, T.: Selbstorganisation und komplexe Systeme, In: IPN Blätter, Ausgabe 1/2000.

Fettke, P.:State-of-the-Art des State-of-the-Art - Eine Untersuchung der Forschungsmethode „Review" innerhalb der Wirtschaftsinformatik, Wirtschaftsinformatik 48 (2006) 4

Forschungsjournal Neue Soziale Bewegungen. Nr.2/2006.

Gadatsch, A.; Grundkurs Geschäftsprozessmanagement – Methoden und Werkzeuge für die IT-Praxis: Eine Einführung für Studenten und Praktiker, 6. Aufl. GWV Fachverlage GmbH 2010.

Gales, J: Special Report Internet encyclopaedieas go head to head, http://www.nature.com/nature/journal/v438/n7070/full/438900a.html.

Gernert, C.: Agiles Projektmanagement – Risikogesteuerte Softwareentwicklung, Hanser (2003).

Komus, A.: Wikimanagement – BPM im Zeitalter von Web 2.0 und Social Software (Foliensatz vom 6. IIR-Forum Business Process Management 2007).

Kurz, M.; Bartmann, D. (Hrsg.); Bodendorf, F. (Hrsg.); Ferstl, O.K. (Hrsg.); Sinz, E.J. (Hrsg.): BPM 2.0 – Organisation, Selbstorganisation und Kollaboration im Geschäftsprozessmanagement, Bamberg, Erlangen-Nürnberg, Regensburg 2009.

Lashley, C.: Empowerment – HR Strategies for Service Excellence, Butterworth Heinemann (2001).

Leimeister J.M.: Kollektive Intelligenz, In: Wirtschafsinformatik Volume 52 (2010).

Rinterle-Ma, S.; Sadiq, S.; Leymann, F.: Business Process Management Workshops – BPM 2009 International Workshops Uml, Germany, September 2009 Revised Papers, Springer.

Schmelzer, Hermann J.; Sesselmann, W.: Geschäftsprozessmanagement in der Praxis - Kunden zufrieden stellen, Produktivität steigern, Wert erhöhen, 6. Ausgabe, Hanser (2008).

Schmidt, R.; Nurcan, S.: Augmenting BPM with Social Software, In: Rinterle-Ma, S.; Sadiq, S.; Leymann, F.: Business Process Management Workshops – BPM 2009 International Work-shops Uml, Germany, September 2009 Revised Papers, Springer.

Stocker, A.; Tochtermann, K.: Anwendungen und Technologien des Web 2.0: Ein Überblick, In: Blumauer, A.; Pellegrini, T (Hrsg.): Social Semantic Web, Springer Berlin Heidelberg 2008.

Vangerhaeghen, D; Fettke, P.: Organisations- und Technologieoptionen des Geschäftsprozessmanagements aus der Perspektive des Web 2.0 – Ergebnisse eines gestaltungsorientierten Forschungsansatzes unter besonderer Berücksichtigung von Selbstorganisation und kollektiver Intelligenz, In: Wirtschaftsinformatik 1/2010.